지성 · 감성의 메타언어
조선문학시인선 · 312

길에서 길을 묻다

장 원 의 시집

조선문학사

■ 책을 펴내며

한 곳에서 단순한 일에 전념하다 보면 생활이 지루하고 현실에 안주하기 쉽다. 이 때 자신을 추스르고 되돌아 볼 수 있는 기회로 훌훌 털고 여행길을 나선다. 역마살이 끼었다는 핀잔을 들어가며 계절마다 일정한 목적지도 없이 돌아다니는 것이 계절병같이 도진다.

봄맞이로 섬진강을 돌아오고 여름이면 이웃나라 탐방, 가을에는 단풍구경, 겨울에는 추위를 피해 따뜻한 곳을 찾아 가족여행을 해오고 있다. 생소한 풍경을 적은 시(詩)에 여행에서 찍은 사진을 곁들여 놓으므로 더욱 아름답게 보인다.

여행에선 많은 것을 생각하게 된다.

역사를 유추해서 미래가 보이기도 한다.

길은 단순한 길이 아닌 앞으로 나아가야 할 인생길을 가르쳐 주는 스승일 때도 있다. 오늘도 나는 길 위에서 길을 찾으러 집을 나선다. 이번에 펴내는 책은 지나온 발자취를 더듬어 보는 사진을 곁들인 여행시로 엮어본다.

2012년 초봄 한뫼골에서
초원 장원의 씀

■ 서문

문덕수(시인 · 예술원회원)

장원의(張源義)시인의 가문은 의사의 집안이라고 할 수 있습니다. 장원의 시인의 아들도 의사이고 딸과 서랑(壻郞)도 의사라는 말을 들었습니다. 이러한 인술의 집안도 드뭅니다. 게다가 장원의 시인은 재능있는 시인이면서 명의(名醫)입니다. 이상범(李相範) 선생의 시집 『꽃풀시경』(동학사, 2011)은 전편이 사진과 시로 되어 있는데, 그 시집을 읽었습니다. "필자가 발표하고 있는 사진과 시는 '디카시'(디지털 카메라로 찍은 사진과 시)라는 이름으로 알고 있다"는 대목이 보입니다. 즉 '디카시'라고 하면 그 창시자인 이상옥(李相玉, 창신대학교 문예창작학과 교수)시인을 연상하게 됩니다만, 이상범 선생은 이러한 호칭을 긍정하면서 특히 그 '예술성'을 강조한 것으로 보입니다. 장원의(張源義) 시인의 시집 『하늘공원』(조선문학사, 2007)등도 이상범 선생의 시집과 유사하게 사진과 시로 되어 있습니다.

디카시가 시집 제작에까지 영향을 미치고 있다면 그 영향이 굉장하다는 사실을 알게 됩니다.

어찌하여
저 노랗고 빨간
목화꽃잎이

하얀 棉花로 필까

어찌하여
흑인의 검은 손으로 따도
면화는 물들지 않고 희디흴까

같은 흰 꽃이면서
설화에 없는 따뜻함이 있고
목화에 없는 체온이 들어 있고
백장미에 없는 정이
들어 있는 꽃
목화

장원의 시인의 「목화꽃」의 전문인데, 이번 시집 이전의 작품입니다. 왼쪽에 활자시, 오른쪽엔 피기 이전의 목화꽃봉오리와 하얀 솜모양으로 봉실봉실 핀 목화의 두 장의 사진이 실려 있습니다. 디카시라고도 할 수 있습니다. 나는 이 작품을 통해서 저자의 관심의 방향을 짐작합니다. 이 작품의 제 2연은 흑인의 노예의 역사를 연상하게 되고, 제3연은 인권과 휴머니즘에 관련된 역사와 관계됩니다만, 이러한 역사적 사건이 개입하지 않는 자연의 실재(實在)도 느끼게 됩니다. 즉 이번 시집에 더욱 역사적 영향이 심화된 이미지로 반영되어 있습니다.

저자의 예사롭지 않은 관심은 「장한가(長恨歌)」「베네치아」「거문도」 등에 선명한 이미지로 반영되어 있습니다. 당나라 백거이(白居易)의 시에 당나라 명황(明皇)인 현종(玄宗)과 양귀비(楊貴妃)의 비련을 읊은 장편 서사시 「장한가」와 같은 제목의 시이고, 그 소재도 같습니다. 이 저자의 관심은 동서(東西)에 뻗어 있고, 그 내용도 정서와 관념으로까지 스며서 방사(放射)되어 있음을 알 수 있습니다.

그러나 나는 저자의 다양한 관심에서 특히 「바라나시」「아우슈비치 수용소」 같은 작품을 주목하고 싶습니다. 그 까닭은 전자가 종교(불교)와 관련되어 있고, 후자는 근대 세계사 중에서도 근대 자체를 부정하는 가장 비극적인 사건이기 때문입니다. 아마도 이 저자의 시의 관념적 · 역사적 나침반이 가리키는 공간의 종점이면서도 인간의 운명에 대한 인식면에서는 시종(始終)의 이중성이 겹쳐있는 지점이 아닌가도 생각됩니다.

이 시집의 저자에게는 「바라나시」「아우슈비츠 수용소」가 종교적 레벨에 관련된 삶의 시로서 그냥 지나갈 수도 없었던 것 같습니다

> 세계 2차 대전 중
> 400만 명의 유태인들을
> 생매장이나 Cyklon B 독가스로 살상한
> 인류 최악의 만행
>
> –「아우슈비츠 수용소」의 1연

제1연은 시적 응축(凝縮)이 좀 아쉽습니다만 이 시인은 역사에 대한 생각과 판단이 분명하게 명시되어 있습니다. 특히 "인류 최악의 만행"은 그 보기입니다. 이것은 근대에 일어난 반 근대정신의 핵심이 분명하고, 이 말은 그대로 장원의의 무의식적인 언어라고 할 수 있습니다. 이러한 언어의 종자는 「바라나시」에서는 구원의 의미를 암시하고 있습니다.

히말라야에서 흘러온 갠지스강
그 어머니 강에 몸을 담가
속세에서 묻은 때
성수(聖水)로 씻어버리고
양수 속에서 헤엄치듯
자유와 평화를 얻는다

–「바라나시」제2연

주지하는 바와 같이, 바라나시(Vārāṇasi)는 고대 인도의 16국의 하나인데, 본디 힌두교의 성지였습니다. 이 도시의 동북 쪽에는 세존(世尊)께서 성도 후(成道後) 5명의 비구(比丘)에게 사제팔정도(四諦八正道)를 설법했던 곳인 녹야원(鹿野苑)이 있어, 바라나시라고 하면 이 녹야원을 상징하기도 해서 불교의 성지로 간주됩니다. 여기서 우리는 세존의 성도와 관련되는 저자의 신앙이 연상되고, 근대(近代)의 반이성적(反理性的) 비극의 아우슈비츠를 제도하는 큰 의미와도 관련되는 듯 합니다.

源은 근원 원자로서 벼랑의 바위에서 물방울이 떨어지는 모양으로서 수원(水源)을 표시하고, 옳을 의(義)자는 羊 + 我의 의미이고, 양에 칼을 대어 희생으로 만든다는 뜻이지만, 신(神)에게 바치는 데 결함이 없고 신의(神意)에 적합한 것으로서 "의롭다"는 뜻이 여기서 발생합니다. 정의(正義), 의인(義人) 등으로 쓰입니다. "원의(源義)"는 "권원적인 의", "의의 축"을 근원에 세운다 등의 의미가 있습니다. 문단에 의의 축을 세우기를 바랍니다. 물론 이 저자가 불교인인지의 여부는 잘 모르겠습니다. 그러나 분명한 것은 인술계(仁術界)의 한 명의인 그도 초월적인 종교를 부정하지 않는다는 점을 알 수 있습니다.

길에서 길을 묻다
장원의 다섯번째 시집
차례

길에서 길을 묻다
장원의 다섯번째 시집

일출(日出)

'라무스'
밝음만을 쫓는 빛의 화신
어젯밤 암흑 속에서
얼마나 헤맸을까

킬라웨이아와 화산의 용암처럼
가슴속에 품은 한 삭히지 못해
갉아 삼킨 어둠을 토악질하며

일억 오천만 킬로미터의 먼거리
다가갈 순 없어도
풀무질로 불지른 불씨
가슴으로 토하며
너와 마주 서 본다

△ 모래시계(정동진)

거문도

가고오고호 쾌속정으로 다가가도
파도가 붙들고 놓아주지 않는지
한사코 섬이 물러서는지
수평선 멀리 가물거리는 거문도

언제쯤 만나 껴안아 볼거나
선채로 백도(白島)만 바라보다
白目으로 눈먼 어둠이 되어버린 섬

한때
영국함대의 주둔으로
러시아의 남하정책을 견제했던
군사요충지

배우지 않아도 궁하면 통한다 했던가
영국군과 원활했던 의사소통의
만국어인 바디랭귀지 학문으로 인정받았던 때문일까
학문이 뛰어나다해서
거문도(巨文島)라 명명했던 섬

△ 거문도(여수)

△ 백도(여수)

향일암(向日庵)

금오산 거북등을 오르자
턱에 차오르는 숨길
잠시 쉬며 고르기로 했다

굽어보는 시야에 펼쳐진
다도해의 꽃등 동백꽃이
칼바람에 목이 잘린 채
피를 토하며 나뒹굴고 있다

마른 목 축이려 들이민 바위틈
석간수의 냉기로 돌린 정신 저쪽
갈기 세운 파도가 달려와
와락 껴안으려 팔을 뻗는다

△ 향일암(여수)

베네치아

푸른 바다 맑은 하늘
물의 도시 베네치아

바다 위에 말뚝을 박아 만든
부평초처럼 둥둥 떠 있는 인공섬
곤도라 택시배만 골목을 누비며
이탈리아반도 동쪽 아드리아해를 주름잡는다

파도처럼 밀려오는 관광객
관광객이 내 딛는 발걸음마다에
2천년 역사의 숨결이 꿈틀대며 숨을 쉰다

베니스 상인 마르코폴로 후예들
떠돌이 장사꾼들이
이제는 돈방석에 앉아서 돈을 쓸어 담고 있다

△ 베네치아(이탈리아)

장한가(長恨歌)

천하를 호령하던 당현종도
절세미인 양귀비 앞에서는
왕관도 체면도 위선이라

안록산의 난으로 연극의 막은 내리고
저승과 이승으로 갈라선 운명의 장난
17년의 불같은 사랑도 짧았을까
양귀비는 비익조, 현종은 연리지로
다시 이루지 못한 애련한 사랑

일 년에 한 번 칠석날 밤
오작교에서 만날 수 있으려나
황성옛터에 현종과 양귀비가
장한가 가락에 맞추어 너울너울 춤을 추고 있다

△ 양귀비상(화청지, 서안)

△ 병마용(중국서안)

구곡폭포

심산유곡 별유천지
수묵화 한 점 마주하고
고개를 들어 바라본다

구곡계단 굽이굽이
흐르는 물줄기
파란 옷을 벗고 나신(裸身)이 된 산
선녀들의 열두 폭 하얀 치맛자락이
절벽을 안고 가린다

물감 한 방울 묻히지 않고
그릴 수 있는 절경
어느 화공 있어
저렇게 바위에 그릴 수 있을까
자연의 섭리 앞에 하고
망연자실 할 뿐이다

△ 구곡폭포(강촌, 강원도)

무진교(霧津橋)

다도해를 건너
안개 낀 나루터 무진(霧津)에 다다른 바람
젖은 몸 말리려고
갈대숲 부챗살 삼아 여장을 푼다

바람과 갈대는 천생연분인데
성질이 유별난 순천만 갈대는
불청객이라도 맞은 듯
연신 손사래로
내숭을 떤다

퇴박맞은 강바람
주인 없는 고깃배에 앉아
낚시줄 드리우고
구름만 낚고 있다

△ 순천만 갈대밭(순천)

소록도(小鹿島)

멍에를 메듯 천형 등에 한체
세상에서 버림받은
삶을 포기한
가슴 아픈 사연들

낮에는 구름
밤에는 별을 벗하며
절며 끌며 절룩이는 방랑의 길
산 넘고 내 건너
저물면 밭이랑에서 하룻밤
아침이 되면 하늘 가린체
가도 가도 끝없는

되돌아 설 수밖에 없는
에메랄드빛 파도로 울타리 친
소록도

△ 소록도(고흥)

△ 보리피리(한하운 詩碑)

황룡 오채지(黃龍 五彩池)

하늘에는 천국
지상에는 선경
해발 4천 미터 산정에
펼쳐지는 물의 향연

녹(綠), 적(赤), 황(黃), 청(靑), 백(白)
나무, 태양, 땅, 하늘, 구름이
오색(五色)의 물빛으로 둔갑하는 초절경

켜켜이 얹힌 석회수의 침전으로
비늘처럼 펼쳐지는 용의 무늬
신의 조화가 아니고서야
어찌 저런 둔갑술이 가능할까

고산병에 발걸음은 천근 만근 무거워도
머릿속은 구름 위를 날개처럼 난다

△ 황룡(구채구, 중국)

△ 황룡오채지(구채구)

콰이강의 다리

콰이강을 가로 질러
태국과 미얀마를 잇는
콰이강의 다리

세계 2차대전 당시 일본군에 잡힌
영국군 포로들의 피와 땀으로 건설된
군수물자 수송로

데이비드 린 감독에 의해 제작된
일본군과 연합군 포로들이 펼친 스펙타클의 명화
'콰이강의 다리'

명화의 주역이었던
윌리엄 홀드, 하야카와 세슈는
아픈 역사와 함께 은막의 뒤로 사라진지 반세기

한(恨)과 눈물 대신
강물에는 유유히 흐르는 유람선
다리 위론 관광객들을 실은 열차가 오간다

△ 콰이강의 다리(태국과 미얀마 국경)

태백산

임란, 호란, 6·25
전란의 포화
맨몸으로 막아내다가
동강나고 굽어
불구로 누워있는
백두대간

장군봉에서 천제단까지
300여 미터 능선은
철따라 만산홍록의 장관을 펼치는
삼천리 금수강산의 축소판

천제단 성전에 엎드려
국태민안 빌고 또 빌어도
분단의 비극은 그대로
산신령은 응답이 아직 없구나

△ 태백산 눈꽃(천제단과 장군봉 사이 눈덮힌 철쭉)

△ 비너스 여신상(2011년 겨울 눈축제에서 눈조각품)

오페라 하우스

조개껍질을
포개고
또 포개어 지은 집
남국의 향수
태평양 영혼까지
가슴속에 담을 수 있을까

담아
익히고 삭히고 내뿜으면
고운 소리로 되살아날 수 있을까
운율과 선율
오선보에 씨줄 날줄로 엮어 음보로 수를 놓으면
천상의 노래가 되어 들을 수 있을까

들어 가슴에 메아리로 감기면
누구나 천사의 마음같이
아름다울 수 있을까

△ 오페라 하우스(시드니)

△ 골드코스트(호주)

낙산사(落山寺)

탈수록
해묵은 화상이 치유되는
불길 속을 걸어간다

걸어가
불길 속에 넘어질 수 있는
넘어져
불길 속에 잠들 수 있는
활활 타는 그런 불꽃이고 싶다

불꽃이 되어 태워볼 수 있는
태워 중생 구제의 이타(利他)로 날 수 있다면
불꽃 속에 몸 던진
불나비의 화형(火刑)이고 싶다

△ 낙산대불

△ 낙산사(화마로 소실되었다 재건)

가면무도회

화려하게 덧칠한 얼굴
허울 뒤의 진실은
무도회장의 법도에 어긋나는
허위이다

친숙은 위험이다
낯설기만이 보장되는 안전
가면무도회장의 풍속으론
가면은 신의 모습이고
왕의 모습이며 영웅의 모습이다

반대로 가면 뒤의 모습은
허상이고 모순이고 위선이다

이렇거나 저렇거나
진실 속 허위
허위 속 진실로 살아가는 인생
오막칠장 가면무도회의
명배우

△ 별신굿(안동)

△ 별신굿(안동)

가거도

산동반도 닭울음소리로 아침을 여는
국토 최 서남단 외톨이
찌꺼기는 쪽빛 파도에 헹구고
근심은 바람에 날려 보내는
외딴섬 가거도(可居島)

하루에 한 번 정오 12시
만난 기쁨 뒤로 하고 다시 돌아서는
석별의 손짓에 이골 난
하늘, 구름, 파도 삼형제 이웃하고
오순도순 살아가는 섬사람들의
정과 사랑과 꿈이 있는 안식처
가거도

태평양 태풍이 밀고 온
산더미만한 파도의 발길질에도
몸이 으스러지고 구멍이 날망정
맨 몸으로 버티고 서있는 갯바위 기둥삼아
안개구름 허리에 두르고
송아지가 누워있듯 파도 위에 떠 있는
아름다운 섬 가가도(佳嘉島)

△ 가거도(신안군)

구절리

구름도 숨이 차서 쉬어가는
노추산 고갯길
구절리 찾아가는 구절양장 험한 길
목까지 차오른 숨결도 가파르다

지하 수천 미터 갱에서 파낸
석탄이 쌓여야 할 하적장엔
구절초가 만발하고
철로 위 레일바이크엔
실려야할 석탄 대신 사람들이 실려 있다

쌍쌍이 레일바이크 페달을 밟아
터널을 지나고 다리를 건너
산이 막혀 끊기는가 싶은 곳에서
다시 열리는 계곡을 돌고 돌아
아우라지역까지 7.2킬로미터

뗏목 타고 떠난 임 기다리며
아우라지 처녀가 부르던 정선아리랑
그 장단에 맞추어
옛님이듯 노랫가락에 취해보고 싶다

△ 레일바이크(정선)

마더 트리(Mother Tree)

비단결 같던 머릿결
볼그레 미소 짓던 얼굴
섬섬옥수는 세월에 실어 보내고
마른 삭정이로 누워 있는 마더 트리

올망졸망
피와 살을 자양분 삼아
무럭무럭 자라던 7남매
어느새 제 짝궁 찾아 하나 둘
슬하를 떠나갔다

새 둥지 찾아 떠나는 뒷모습 바라보며
뼈만 남은 앙상한 몸으로
씨줄 날줄 세월의 나염으로 짠 문양
아련한 추억의 덧수를 놓는다

△ 마더 트리(뉴질랜드 : 쓰러진 나무에서 가지가 자생)

△ 양털깎기 쇼(뉴질랜드)

자금성

천자임을 자칭하며
건청궁, 교태전, 곤령궁 등
800개의 건물, 구천구백구십구 개의 방을 만들어
천(千)으로 천(天)을 받들었던
자금성

명(明) 청(靑) 500년 역사로
울타리 두르고
세계의 중심임을 자랑하던
중화(中華)

자객의 침입이 두려워
정원에 한 그루 나무도 심지 않았던
그늘 없는 궁중은
옥좌가 울타리가 되어버린
영어(囹圄)의 감옥살이

지금은 세계의 발길을 잠시
멈추게 하는 G2 중국
살아있는 역사의 심장으로 숨쉬고 있다

△ 자금성(중국 북경)

△ 이화원(중국 북경)

화석정(花石亭)

굽돌이 하는 강줄기
요대 삼아 허리에 두르고
북녘 바라보기로 서 있는
화석정

노을녘 저쪽 철조망 너머로
기러기 편대 날아가고 날아오는데
동강 난 허리 끼고 유유히
임진강만 청사(靑史)처럼 흐른다

8세 어린 소년이 지었다는 시
수백년 동안 귀동냥으로 배운
늙은 정자나무와
합창으로 외워본다

△ 화석정(花石亭)

산수유

아지랑이도
현기증도
그렇다고 황달끼도 아닌
노란 노곤함의 산자락

나무들 가지마다
기지개 펴는데
거슴츠레한 눈가에
다닥다닥 붙은 노란 눈꼽 뜯어내지 못하는
졸리움

시샘해 꺾어갈리 없으니
마음 놓고 잠에 떨어질 수 있고
떨어져 춘곤증에 취해 즐길 수 있으니
제딴엔 호사를 누리는 꽃이다

△ 산동마을(전남구례)

△ 만개한 산수유

섬진강

진안 선각산 대미샘을 깃점으로
장수와 구례를 거쳐
상류에선 물소리를 귀로 듣고
하류에선 백사장을 눈으로 구경하며
하동포구까지 굽돌이 순례길 500리

화엄사 산수유
쌍계사 벚꽃
지는 꽃잎 쪽배삼아
전라도와 경상도를 가로질러
도도히 흐르는 강

동편제 서편제 편가르기 없는
얼싸안고 어우러진 화개장터
"니 밥 묵었나" "예 밥 먹었어라우"
성님 먼저 아우 먼저 권커니 받거니
의좋게 울타리 없이 살아가는 섬진강 사람들

△ 굽이도는 섬진강

△ 최참판댁(박경리 소설 『土地』의 무대. 하동군 평사리)

청산도

완도에서 뱃길로 40분
때묻은 분진 갯바람에 털어버리고
청산 베게삼아 누워 귀를 씻고 마음도 비우고
육지에서 못다한 이야기 봇다리 섬에 풀어 놓는다

숭숭 뚫린
돌담 구멍으로 바람을 흘려 보내며
땅에 엎드려야 오래 버틸 수 있다고
만고풍상을 겪은 푸념을 펼친다

한(恨)을 품어야 좋은 소리 내고
피를 토해야 득음의 경지에 오를 수 있다는
서편제 가락

파란 원피스를 입은 소녀가
요한스트라우스의 월츠에 맞추어 춤추듯
유채꽃 밭고랑 사이로
남녘의 봄소식은 그렇게 온다고 웃고 있다

△ 『서편제』 촬영지(완도군 청산도)

△ 영화 『봄의 왈츠』 촬영지(청산도)

피사의 사탑

난쟁이 꼽추 분재가
중전 대접 받는 세상
삐딱하게 서있는 탑
파격 속의 정석인가
불균형 속의 균형인가

금방이라도 넘어질 듯
아슬아슬하게 기웃둥한 대성당의 종탑아래
소리없는 종소리가 감아끌듯
구경꾼들이 모여든다

고개 들어 올려다보니
54.5미터 첨탑 위엔
깃털과 철모로 구(球)를 만들어
중력실험을 하며
갈릴레오 갈릴레이가
"그래도 지구는 돌고 있다"고 외치고 있다

△ 피사의 사탑 근경

△ 피사의 사탑(이탈리아)

앙코르와트

욕계(欲界) 6천(六天)
색계(色界) 18천
무색계(無色界) 4천
삼라만상 우주가 2천8백천 안에 있네

가파른 108계단
천계에 오르는
고해(苦海)의 격랑만 힘겨운 줄 알았더니
고행길 여기에 또 있네

천계에 올라 내려다 보는 시계(視界)엔
아홉 산과 여덟 바다가 펼쳐 있고
발 아래 중생들이 저리 작아 보이는 모래알

천상이 그리 높은 때문일까
혜안이나 법안의 개안만이 볼 수 있기 때문일까
사바세계 중생의 육안으론 헤아리기 힘겹네

△ 앙코르와트(캄보디아)

△ 호수에 그림자를 드리운 앙코르와트

우전차(雨前茶)

겨울의 몸살기를 풀 듯
보슬비가 내린다
밤새도록 어둠을 밀어내며
대지를 적시는 봄비가 내린다

아이야 단잠 기지개로 물리치고
차밭으로 나가자
청명이 지난지 오래다
곡우 전에 맑은 날 골라
찻잎을 따자

대지도 물이 오르고
몸도 마음도 살이 올라 풍요로운 봄날
고사리 손에 묻어나는 그윽한 향기는
닦아 무엇하랴

연둣빛 찻잎 곱게 따다
우전차를 만들자

△ 보성 녹차밭 근경

△ 녹차밭(보성)

실미도

청운의 꿈을 안고 찾아간
젖과 꿀이 흐르는 가나안 땅이
북파공작원들의 지옥 훈련장이 될줄이야
바닷물 피로 물들인
살육의 생지옥 684부대

1971년*
복사꽃이 만발하던 봄날
스물 네명 젊은이들의 꽃가슴들은
꽃상여 타고 소사골로 떠났지

세월 파도에 쓸려
실미모세길이 열리면
아무 일도 없었던 듯
손에 손잡고 징검다리 건너
게 잡고 바지락 캐는
지상낙원 실미도

* 1971년 봄 북파공작원들이 가혹한 훈련을 견디지 못하고 어선을 탈취하여 청와대로 향하다가 소사읍 복숭아 밭에서 경찰과 교전하다 전원 사살됨.

△ 실미모세길(인천광역시 실미도)

△ 복사꽃(경기 소사 복사골)

실크로드

연옥같은
강렬한 땡볕의
사막 가로 질러
서역으로 가는 길
낙타의 슬픈 울음소리가
일몰을 재촉한다

구도의 길도 대상의 길도
열사에서 열사로 이어지는 고행의 길
옛분들 족적을 따라 밟은
나그네 발걸음도 납덩이처럼 무겁기만 하다

세월을 비단폭처럼 말아 감은
실크로드 루난(汝南)의 길목에서
모래바람으로 풍장한 앞서간 영혼들의
귀로는 동냥할 수 없는
옛 말씀을 듣는다

△ 사막을 가로지르는 대상행렬

△ 천산산맥을 넘어가는 해

에메랄드 사원

극락이 예인가
사람마다 손에는 꽃등
마음에는 키워온 염원 하나씩 품고
사원입구에서부터 인산인해다

사바세계에서 버거운 하루살이
극락정토에 들면 안식의 구원이 될까
살아 선행을 하고도 되돌아 보는 일일삼성인데
미움과 욕심에 눈 먼 인간들
극락전에 합장한다고
지은 죄 사함 받을 수 있을까

부처님은 염화시중
때묻고 얼룩진 중생들의 옷자락
행여 속세의 시궁내 풍겨
염화시중 부처님 향대 더럽히지나 않을지

△ 에메랄드 사원(태국 방콕)

△ 수상가옥(방콕)

백조의 성

프랑크푸르트에서 기차로 5시간
간이역삼아 내린 조용한 도시 퓌센
새로운 반석 위에 앉은 노이슈반스타인성
산비탈에 백조 한 마리 둥지를 틀다

바그너의 오페라 「백조의 기사」에 심취하여
무대 그대로를 현실로 재현하고자
17년동안 건축하여
오래오래 부귀영화를 누리려 했던
루트비히 2세

불행히도 국고 낭비란 국론에 말려 정신병자로 취급돼
102일만에 쫓겨난 왕좌
권좌에서 물러난 왕과 함께 떠나지 못한
한을 안고 150년
백조는 언제나 한결같은 마음으로
훨훨 나는 꿈을 꾼다

△ 백조의 성(독일 퓌센)

△ 백조의 성 근경

청보리밭

시누이 시기 질투보다
고추가 더 맵다지만
시어머니 시집살이만큼 맵겠느냐
때리는 서방님보다
말리는 시어머니가 더 밉다더라
옛날 우리 누님네들이 입에 올리던 한탄조다

한탄만이 아니었지
맵고 서러운 시집살이보다
고모령 높은 고개보다
해마다 잊지 않고 찾아오는
보릿고개는 손님 중에서도 제일 무서운 손님이었지

그 힘들던 보릿고개를
봄바람 날개 삼아
아지랑이 청포 걸쳐 입고
훨훨 옷자락 펄럭이며
길손으로 내가 넘는다

△ 청보리밭(전북고창)

△ 보리밭

풍어제(豊漁祭)

돈 실러가세
돈 실러가세
영광 법성으로 돈 실러가세
칠산 앞 바다 고깃배들
조기 떼 따라 꼬리물고 모여들고
방방곡곡 예쁜 아가씨들
킁킁 들창코 벌름대며 돈 냄새 맡고 모여든다

만선의 뱃고동 소리
바빠진 아낙네들 손길 싸게싸게
동네방네 파시로 흥청망청
주막집 주모도 싱글벙글

주거니 받거니 술잔마다 취해 출렁이고
홍동백서 산해진미 시절 좋은
이 풍진 세상
용왕님께 술잔 올려
큰 절로 빌고 또 비나이다
남루한 어촌의 삶 조기철만 같게 해 주이소

△ 법성포(전남 영광)

△ 풍어제

하롱베이

월남전은 끝났는데
하롱베이의 아침은
총성없는 열강들의 각축장이다

죽창을 든 짱꼴라
미사일로 무장한 양키
인해전술과 신무기의 대결장
베트콩을 때려잡으려고
하노이를 폭격했던
전쟁터보다 더 긴박하다

해는 물 위에 피를 뿌려 물들이고
바람은 파도로 칼날 세워 난도질하는
스펙터클한 용병술의 무대
물속의 용(河龍)을 쟁탈하기 위해
열강의 지모가 각축을 벌이는
마른날의 소리없는 뇌성번개가 번쩍인다

△ 하롱베이(베트남)

△ 키스바위(베트남 하롱베이)

구채구(九寨構)

폭 4킬로미터 장해(長海)에서
땅속으로 스며든 잠수가 이룬 오채호(五彩湖)
순한 양처럼 흐르던 물이
오화해(五花海)에서 꽃밭을 이룬다

노호해(老虎海)에서 호랑이로 둔갑한
늙은 호랑이가 아닌
성난 노호해(怒虎海)가
파도를 거둬차며 야성(野性)으로 질주한다

진주탄 폭포에 이르자
언제 그랬냐는 듯 부챗살을 펴듯
수백 개의 가는 물줄기로 교직한
가지런히 비단폭을 펼쳐 놓는다

비단자락 두른 경해(鏡海)는
마치 해탈의 경지에 들어선 듯
거울을 뒤엎어
하늘도 구름도 산도 나무도
물구나무를 세워놓고 있다

△ 진주탄 폭포(구채구)

△ 경해(鏡海 : 명경지수)

프라하의 봄

중세 말(馬)을 사고팔던 마시장 바츨라프 광장엔
1946년부터 해마다 5월 13일에서 6월 4일까지
스메타나의 교향시 「나의 조국」을 개막연주로
음악 축제가 열린다

소련군의 침공에 맞서
수많은 국민들이 탱크에 깔리면서
자유가 아니면 죽음을 달라며
탱크에 깔려 죽어가면서도 외친
1968년 8월 20일

피의 역사는 페이지를 넘기면서
피와 화약으로 얼룩진 동토에도
프라하의 봄을 새겨 넣었다

'민주주의는 피를 먹고 자라
자유의 열매를 맺는다' 했던가
피의 대가(代價)를 아는지 모르는지
자유를 사랑하는 시민들의 손엔
자스민 꽃다발이 들려 있다

△ 바츨라프 광장(체코 프라하)

△ 안토닌 드보르작(체코 작곡가 1841 ~ 1904)

마라도

육지에서 퇴박맞고
제주에서 마저 버림받은 외톨이
뭍의 끝자락이라도 붙잡으려
발버둥쳐 봐도
멀어져만 가는 한라산

어떻게 알았는지
태평양 파도가 마중 나와
반갑게 어루만지고
얼싸안고 덩실덩실 춤추며
외로움을 달래준다

가파도와 이웃하여
십년 묵은 빚쯤이야
가파도 그만
마라도 그만
네 것 내 것 없이
후덕한 인심으로 살아가는
한반도의 최남단
마라도

△ 국토 최남단(제주도 마라도)

△ 성당(마라도)

낙화암(落花巖)

고란사 종소리 새벽을 깨우는데
부소산 골짜기 귀촉도 소리
무슨 원한 있길래 저리도 슬플까

낙화암 절벽에 핀
삼천 송이 고란화 꽃잎
바람에 흩날려
강물에 두둥실 떠내려 간다

꽃잎 쪽배 삼아
백마강 물길 따라 떠내려가다
역사의 강안에 닿으면
볼모로 당나라에 끌려가
시안(長安)에 잠든 의자왕을 만나
억울하게 막을 내린
678년 백제 사직
망국의 한(恨)을 풀어볼 수 있으려나

△ 落花亭(낙화암, 부여)

△ 고란사(부여)

우포(牛浦)

일억 사천만년 전
지구의 생성과 더불어
태고적 모습을 간직한
우포

70만평 넓은 늪지대 터전삼아
철따라 피고 지는 꽃
철새와 텃새가 알을 품고
왜가리와 백로가 노니는 곳

언제라도
바람 구름 눈보라
해와 달
반겨 가슴 내어주지만
문명과는 담을 쌓고
인간의 발길을 거부하는 원시성

갈대숲에 늘편히 누워있던 소(牛)가
안개 속을 헤치고 뚜벅뚜벅 걸어 나온다

△ 우포늪지(경남 창녕)

△ 가시연꽃(우포늪)

톤레삽

바다인지 호수인지
보이는 것은 오직
끝없는 수평선

메콩강 범람으로
캄보디아 서쪽에 형성된 호수
호수 텃자리 삼아 얽히고 설켜 옹기종기
모여사는 마을 총크니에

학교도 시장도 물 위에서
돼지도 닭도 흙탕물 위에서
사람과 짐승 따로 없이 어울려 사는
베트남 난민들의 수상가옥촌

물에서 나고 자라
오히려 육지가 낯설어 멀미를 한다는
국적도 없이 살아가는 부평초 인생
언제쯤 고향으로 돌아가
흙에 튼튼한 뿌리를 내릴까

△ 수상가옥(캄보디아 톤레삽)

△ 교통수단인 배(톤레삽)

까보데 로카

백두산과 히말라야를 넘어
유라시아 대륙의 서쪽 이베리아 반도
반도의 서쪽 땅 끝 마을 로카에
대 반격이 펼쳐진다

파도는 날선 칼을 뽑아 들고
게거품을 내뿜으며
결사 항전의 의지로 대치중이다

육지의 패기도 파도의 기세에 막혀
한 발자국도 나아가지 못하고
제 자리에서 으르렁거릴 뿐

우연의 일치인가
한반도는 북위 38도선 울타리 삼아
남북으로 동족끼리 대치중이고
같은 북위 38도선을 경계로
로카는 독일 육군과 대서양 함대의
최후의 결전장으로 금 긋고 있어
깔레해전을 방불케 한다

△ 카보데 로카(포루투갈, 대륙서쪽 끝)

△ 일몰(리스본에서 본 석양)

청학동(靑鶴洞)

물욕도 명예도
속세에 부려 놓고
유유자적 학(鶴)이 되어
바람처럼 구름처럼 청산에 묻혀
낮에는 구름 벗하고
밤이면 별을 헤며
자연을 벗삼아 살아가는
별천지 청학동

타임머신을 한 세기쯤
되돌려 놓은
문명에 둘러싸인 고도(孤島)
상투 틀고 갓 쓰고
하늘 천 따지 경읽듯 읊으며
삼강오륜에 따라 사는 도인촌 청학동

환인, 환웅, 단군 삼성인(三聖人)을 모셔놓고
국태민안을 염원하며
홍익인간의 이상향을 꿈꾸는
청학동

△ 청학동 박물관

△ 삼성궁(청학동에 있는 환인 · 환웅 · 단군을 모시는 곳)

단종애사

청령산 넘을제
궂은비 내리고 날씨 차가운데
나루터까지 왜 그리 험하고 멀었을까

남루한 옷, 통나무 틀에 실려
강물로 울타리 친 섬 아닌 섬
청령포 유배생활 5개성상
노루처럼 수구초심
임을 향한 일편단심

이대로 저대로 되어가는 대로 살 것을*
12세 약관에 옥좌에 올라 17세에 귀양살이
권력이 뭔지도 모르고
왕좌에 올랐던 죄 사약으로 마감하니
1457년 10월 24일
그나마 염홍도의 시신 수습으로 장릉에 잠들어
찾아오는 후손들이 흠모의 예를 올린다

* 竹詩(대시 : 김삿갓)
次竹波竹 化去竹 (이대로저대로 되어가는대로)
風打之竹 浪打竹 (바람치는대로 물결치는대로)

△ 김삿갓과 공허스님(영월)

△ 장릉(단종묘 · 영월)

황산

구름을 타고 올라가
사위를 굽어보니
만산(萬山)이 머리를 조아리고
사해(四海)가 발아래 엎드린다

예가 무릉도원인가 천국인가
펼쳐진 신선들의 연회
운무(雲霧)가 재주를 부릴 때마다
삼라만상이 덩달아 춤추고
선녀들이 줄을 밀고 당길 때마다
옥병루 광명정에 풍악 울려 퍼지고
풍악에 맞추어 합장 겹쳐 다시 합창이 된다

필봉(筆鋒)이 긋는 붓끝 따라
둔갑한 듯 신출귀몰한 순간순간의 변화
연화봉엔 연꽃이 피고지고
장군봉엔 사자 뛰놀고 공작새 깃털이 그리는 무지개
비래석 사이엔 영객송(迎客松)이
서해 대협곡엔 폭포수가 넘친다

△ 황산의 절경

△ 四海(중국 · 황산)

몬주익 언덕

가우디가 설계한
성 가족성당이 내려다보이는
몬주익 언덕
'대~한민국'을 만천하에 외치던
1992년 8월 9일
바르셀로나 올림픽

태백의 정기 받아
훈련에 전념한 보람으로
땀과 노력은 결코 배신하지 않는다는
진리를 실천에 옮긴
금메달을 목에 건 황영조

멀고 힘든 42.195킬로미터
골인점을 향하던 늠름한 모습
오늘도 태극기를 등에 업고
서산에 넘어가는 해를 쫓으며
몬주익 언덕을 힘차게 넘으며
끊임없이 질주하는 황영조

△ 성가족 성당(바로셀로나)

△ 황영조(몬주익 언덕 · 스페인 바로셀로나)

보리수

우물가에 보리수 서 있는
독일 로텐부르크성
보리수 그늘엔 안경 낀 젊은 신사
슈베르트가 노래를 부르고 있다

'성문 앞 우물가에 서 있는 보리수
나는 그 그늘 아래 단꿈을 꾸었네……'
가지에 무슨 희망의 말을 새겨 걸어 놓았기에
슬플 때나 기쁠 때나 찾아와
희망의 속삭임을 노래 했을까

주인 잃은 보리수
예나 지금이나 늙은 가지로 서서 성을 지키며
슈베르트가 남기고 간 노래
보리수 끌어안고 귀동냥하는
이방의 나그네에게 들려주며
옛으로 서 있다

△ 슈베르트 묘비(1797 ~ 1828 · 비엔나 음악가의 묘지)

△ 보리수나무(독일 로텐부르크 성)

공주 공산성

공주를 가로질러
동서로 물길내어 흐르는
금모래가 반짝이는 강을 배수진으로
아담하게 자리 잡은 요새
공산성

백제의 영광을 안고
삼근왕에서 상왕까지
64년의 화려했던 위용
웅진성이라 부르던 도읍지

쌍수정 진남루 광복루만
역사의 지킴이 파수꾼으로 서 있는데
깃발을 앞세운 수비병들의 교대식에 맞춰 울리는
북소리 요란하고
북소리에 섞인 나팔소리 황산벌까지 울려 퍼진다

△ 공주산성(공주)

△ 능선따라 축성된 산성일부

세미원(洗美苑)

물을 보면 마음이 맑아지고
꽃을 보면 얼굴이 예뻐진다는
세미원은 미니 자미원

사라호 태풍에 밀려
금강산에서 흘러 온 황톳물과
태백에서 굴러 온 폭포수가
두물머리에서 만나
몸을 섞어 피워낸
연꽃

흙탕물에 젖어도 얼룩지지 않고
뙤약볕에 그을려도 화상입지 않는
빨강 노랑 하얀 꽃잎
연등(燃燈) 행렬 따라
세속의 때묻은 발길 앞세워도
서방정토 어디쯤에 가 닿을 수 있을까

△ 세미원(경기 양평군 양수리)

△ 세미원 연꽃

백두산(白頭山)

두만강 물은 유유히 흘러 동으로
압록강 물은 대협곡을 지나 서쪽으로
잠시 헤어지는 아픔쯤이야
가족의 이산(離散)에 비하랴

동해를 거치고 서해를 거쳐
남해에서 다시 만나
만남의 기쁨 안고
널브러지게 한바탕 어울려 보자구나

장군봉을 중심으로
16형제 어깨동무하고
오순도순 예나 지금이나 한결같으나
인간의 탐욕에 의해
피비릿내 나는 싸움터가 되었거니

원컨대 어머니 품속같이
아늑하고 따뜻한 천지에
대대손손 고요와 평화만 영원하길
영봉 마주하고 빌어본다

△ 백두산 천지

△ 장백폭포

황금의 꿈

이탈리아의 탐험가 콜럼부스
에스파냐 이사벨여왕의 후원으로
황금과 후추의 꿈을 안고
신대륙발견에 닻을 올리다

1492년 8월 3일 팔로스항을 출발하여
핀타호, 니냐호, 산타마리아호를 이끌고
같은 해 10월 12일 바하마제도에 도착
서인도라 명명하다

산타페협약에 따라
발견한 토지의 부왕(副王)에 임명되고
산물(産物)의 십분의 일을 자손에게 전승하다

황금 약탈
원주민 노예화
과연 콜럼부스의 꿈은?

△ 황금탑(스페인 세비아, 1492년 8월 3일 콜럼버스가 신대륙탐험출발지)

△ 콜럼버스 동상(스페인 광장)

맥주 페스티벌

뮌헨의 8월은
맥주로 시작하여 맥주로 끝난다
출렁이는 보리밭 맥파처럼
뮌헨은 인파로 출렁인다

국경을 초월하고
인종의 벽을 넘어
너와 내가 아닌 우리로
너나없이 뒹굴며 함께 어울리는 곳

맥주 한 잔에
취한 몸은 풍선처럼 두둥실
하얀 거품에
한숨을 날려 보내고
찰랑찰랑 술잔 속에
초점 잃은 취객들이 흔들거린다

△ 맥주 페스티벌 광경

△ 맥주의 고향 뮌헨(독일)

음악가의 묘지

빈 중심가
음악가의 묘지를 무대삼아
새봄맞이 음악축제에
아름다운 선율의 향연이 펼쳐지고 있다

행사장 입구에는
황금 예복을 입은 요한 스트라우스가
〈봄의 왈츠〉를 연주하며
손님들을 안내하고 있다

하늘이 열리듯 막이 오르고
브람스의 지휘 아래
요한 스트라우스, 모차르트, 슈베르트, 베토벤
악성들이 차례로 무대에 오른다

자장가, 왈츠, 교향곡
흘러나오는 천상의 소리에 취해
멀미를 하듯 청중들은
오선지 위에서 춤을 추고 있다

△ 요한스트라우스 황금동상(비엔나 시민공원)

△ 음악가의 묘지(비엔나)

선운사(仙雲寺)

무엇이 부러울까
선운사 골짜기 동백꽃은
얼굴 붉히며 숨어버리고
진달래 산벚꽃 지천으로 피어있다

연등 안내 받아 계곡을 오르니
구름 위애 암자 하나
예가 신선들이 노니는 도솔천인가

속계(俗界) 선계(仙界)가 따로던가
탐욕에 물들면 속계요
마음을 비우면 선계인 것을

어찌 오욕에 찌든 속인이
혜안(慧眼), 법안(法眼)을 꿈꾸며
도솔천 행보 좇아 극락정토를 그리는가

△ 도솔암(고창 선운사)

△ 선운사에 만발한 동백꽃

독도(獨島)

울릉군 남면 도동 1번지
동경 132도 북위 37도
동해 먼 바다에 떠 있는 외딴섬

나라 잃은 설움 달래려
눈 감고 귀 막고 산 은둔일까
당파 싸움 희생양 되어
영어(囹圄)의 몸 되었을까

파도에 떠밀리고 바람에 나부끼는
부평초 신세
왜놈들이 사고무친인줄 알고
마시게다(맛있겠다) 군침 삼키며
다게시마(竹島)로 성씨 개명하여
시마네현으로 입적 시키다니

웃기지 말거라
이래뵈도 조선의 피·얼 이어받은
독도는 우리 땅
대한민국 이름 자랑삼아 살고 있단다

△ 독도전경

△ 대한민국 자랑삼아 살고 있는 독도

진혼제(鎭魂祭)

대동아 전쟁터에
노리게 정신대로 끌려가
굶주리고 억울하게 죽어
구천을 떠도는 조센진 생령들이여

일본인들이 영산(靈山)이라 부르는 신령한 산
후지산 정상에 올라
그들을 발아래 밟고 서서
태극기 앞에 주안상 차려 놓고
원혼(怨魂)을 달래주려 함이요

다시는 한반도를 넘보는 짓이나
독도를 일본 땅이라 억지를 쓰는
망언을 못하도록 경각심을 심어주려 합니다

이제 그만
맺힌 원한 태평양 바람에 날려 보내시고
조국의 품에 편히 안겨 영면 하소서

△ 일본 후지산 전경

△ 진혼제(후지산 정복문을 낭독하는 필자)

크레믈린

레닌 스탈린 고르바쵸프등
독재자들이 무소불위의 칼을 휘두르던
철의 장막이라 불리우던
크레믈린궁
입 봉하고 침묵으로 일관한다

정적에 의해 어둠으로 사라진
우국충정의 애국지사들
자유를 외치다 역사의 뒤안길로
자취를 감춘 자 몇몇인가

오늘도 붉은 벽돌로 울타리 친
크레믈린 궁엔
소리 없는 총성이 울리고
삼엄한 경계 속에
궁금증이 궁금증을 잉태하는 밀실 정치

한편 모스크바 붉은 대광장엔
이데올로기라는 족쇄를 풀어버린 듯
젊은이들의 발걸음은 가볍고
신혼부부들의 웃음꽃이 해동의 봄으로 가득하다

△ 모스크바 대광장에 있는 성바실리 성당

△ 소련의 상징인 크레믈린궁

연심쇠(連心釗)

처녀 총각 천자산에 올라
사랑을 맹서하며
자물쇠를 채운 후
열쇠를 버렸다네

삼단 같은 머릿결 날리며
검은 머리 파뿌리 될 때까지
변치 말자던 언약

추우나 더우나
비바람 눈보라 몰아쳐도
녹이 슨 자물쇠는 쇠줄에 매달려
두 연인의 백년회로 빌고 있다

거미줄로 동여매도
마음만 통하면 사랑이지
동아줄로 칭칭 동여 매고
자물쇠로 철통같이 잠궈야만 사랑인가

△ 연심쇠(연인들의 이름이 적힌 자물통을 잠그고 열쇠는 버린다는 장가계)

△ 파석송(소나무 뿌리에 의해 바위가 갈라진 장가계)

메밀꽃 필 무렵

태기산 허리까지 메밀꽃으로 차오른
달빛
들판은 온통 은빛 물결로 출렁인다

가산(可山)은 갔지만
무대엔 옛날 그대로 물레방아 돌고 있고
봉평마을 골목마다엔
허생원과 동이네집, 충주집이다

허생원과 성씨네 처녀의 사연을
아는지 모르는지
물레방아는
비밀의 껍질을 벗겨내고

5일 장날이면 장돌뱅이들 모여들어
옛이야기 안주삼아
메밀주로 추억을 풀어본다

△ 흐드러지게 핀 메밀꽃(봉평)

△ 허생원과 일행 장돌뱅이들(봉평 충주댁 앞)

천수만

천수만의 새벽은
철새들의 군무(群舞)로 막을 연다

밝아오는 오로라
서치라이트를 비추자
일시에 은빛날개로 원을 그리며
원무를 추는
무희군단 철새떼

지나가던 구름도 함께 몸섞어
한판 벌인
아침 무도회가 끝나자

가족끼리 어깨 나란히 열을 지어
단풍놀이 가는지 새벽을 빠져나간다

△ 가창오리떼(천수만)

△ 나들이 나가는 철새가족

하늘공원

억새가
그림을 그린다
파란 하늘에 수채화를 그린다

하이얀 깃털에
오색구름 물감으로 묻혀
새소리도 단풍도 화폭에 담는다

구름을 비질하듯
휘둘러 긋는 붓끝마다
변화무쌍한 채색의 조화

진경산수
멋진 수채화 한 점 그려놓고
꽃처럼 붉은 노을 속으로
새가 되어 날아간다

△ 하늘공원 억새꽃(난지도)

△ 공원 팻말(난지도)

상트페테르부르크

2차 세계대전 땐 대한해협까지 거구를 끌고와
혁혁한 전공을 세운 발틱함
지금은 네바강에 늙은 몸을 기댄체
가는 세월을 낚고 있다

옛 피터대제가 머물던 겨울궁전은
에르미타주 박물관으로
피카소 모딜리아니는 눈길을 붙잡고
렘브란트의 <돌아온 탕자>는 발걸음을 붙잡는다

아내 나탈리아를 짝사랑하던 단테스와의 결투 끝에
38세의 나이로 요절한
시인 푸쉬킨
'삶이 그대를 속일지라도'를 읊으며
오지 않을 기쁨의 날을 기다리는지
오늘도 우수에 젖어 서 있다

△ 겨울 궁전(러시아 페테스부르크)

△ 푸쉬킨 동상(페테스부르크)

태산(泰山)

중국 5악 중에 으뜸인
태산
남천문(南天門) 천가(天街)
벽하사(碧霞祠)를 거쳐
오르고 또 오르니
1545미터 정상
천하의 태산 위에도 구름이 떠돈다

동으로는 일출
위로는 하늘을 우러르는
황제들이 옥황정에 엎드려
국태민안을 빌었다는
웅치천동(雄峙天東)의 태산

옥황정에 옥황상제는 보이지 않고
혼령이듯 떠도는 흰 구름 한조각 뿐
산 남쪽 곡부(曲阜)에서
태산의 정기 받아
공자 맹자가 태어났으니
과연 명산 중에 태산이 아니겠는가

△ 태산 전경(중국)

△ 공자 사당(중국 곡부)

개펄

밤새
복통을 앓던 바다는
동이 트자
만삭의 배를 드러낸 채
잠들어 있다

게들은 거품을 풀어
여덟 개의 손가락에
금빛 햇살을 묻혀 개펄 캔버스 삼아 판화를 그리고
갈매기들은 익힌 독수리 타법으로
연서(戀書)를 쓴다

머드팩을 한 짱뚱어가
왕방울 눈을 굴리며 밀려오는 파도를 피해
뒷걸음질 칠 무렵
개펄은 능청맞게 누워 있다가
이불을 뒤집어쓰듯
조수(潮水)밑으로 몸을 숨긴다

△ 개펄(석모도)

△ 염전(강화도)

논개(論介)

임진왜란때
왜장 게야무라 로구스케를 끌어안고
남강에 몸을 던진
논개

단절됨 없이 흐르는 靑史의 강안
무성한 대숲은
꺾일줄 모르는 그녀 정절이었거니

어찌
의암 술자리 삼아
술 한잔 올리지 않을 수 있으랴

논개여
먼 옛적
나라 위해 몸을 던질줄 알았던
누님이여

유유히 흐르는 남강 거울이 되어
그대의 모습 비춰주거니

△ 촉석루(진주)

△ 남강 강안의 촉석루

소금광산

폴란드 비엘리츠카
소금 맥을 좇아 파 들어간
300킬로미터의 미로

중세 700년 동안 왕실의 젖줄
소금은 바닥나고 몰려드는 관광객
노다지가 따로 없다
폐광이 똑딱 방망이지

375 가파른 계단
지하 110미터 광장에
자리 잡은 킹가성당
성인(聖人)을 모셨으니 예가 천국이 아니던가
그 중에서도 백미인 〈최후의 만찬〉 앞에
머리 숙여 경배한다

빛과 소금이 되라는 성경말씀
십자가에 매달린 예수님 앞에 두손 모으고 서서
되새겨볼 일이다

△ 킹가광장(110m지하 소금광산)

△ 최후의 만찬(소금광산, 폴란드)

만리장성(萬里長城)

북방 흉노의 침입을 막기 위해 쌓은 성
수많은 관광객들이 위안화를 들고
휘파람을 불며 성벽을 오르내리는
만리장성

하나 둘 쌓은 돌이 만리에 이른다니
휘파람 소리가 탄식으로 되돌아온다
신혼의 단꿈도 꾸기 전에
노역으로 끌려가 불귀의 몸이 된자 얼마던가
북방으로 보내 놓고 흘린 아낙네의 피와 눈물
기름삼아 태운 촛불이 몇이던가

천하통일을 이룬 진시황제
분서갱유로 폭군이라 불렸던 당대와는 달리
죽은 사람이 산 사람 먹여 살리는
외화 벌이 성군으로 거듭나
오성기와 어울려 펄럭이고 있구나

△ 만리장성(중국북경)

△ 만리장성 원경

바라나시

멀리 남인도에서
땡볕 머리에 이고
몇 달씩 모래위에 발자국 찍어 끌며 절며
사막을 건너고 산을 넘어
도착한 성도(聖都) 바라나시

히말라야에서 흘러 온 갠지스강
강물에 몸을 담가
속세에서 묻은 때
성수(聖水)로 씻어 헹구고
양수 속에서 헤엄치듯
자유와 평화를 얻는다

얻은 평화의 세례로
오욕칠정 씻고
오체투지로 수미산에 올라
불가촉천민의 족쇄를 벗어 버리면
브라만(神官), 크샤트리아(武士)로
환생할 수 있으려나

△ 성수로 목욕하는 여인들(긴지스강)

△ 화장터 바라나시(인도)

입석대(立石臺)

하늘바라기
선채로 영원히 굳어버린
굳어 벌이 되어버린
입상(立像)

되풀이 되는 청사(靑史)의 페이지엔
임란, 호란, 6·25, 여순사건, 동학
학생 민주화운동의 악순환이
새겨져 있고

새겨진 역사를 증언하려 함인가
증언하여
선채로 증인이 되려 함인가

피로 쓴 빛고을의 역사
새기지 않고도 피가도는 백비
입석대 아래서면
비명 없이도 민주의 역사를 읽는다

△ 입석대(무등산)

△ 서석대(무등산)

아우스비츄 수용소

일하는 자에게는 자유(Arbeit Macht Frei)라는
정문에 새겨 놓은 글귀와는 달리
들어가기만 하고 살아 나온 자 없는 지옥의 문
아수스비츄 수용소

인간이 인간에게 저지를 수 있는
최악의 만행
Cyclon 독가스로도 부족해 산체로 생매장한
저 해골들의 생령들이 떠도는
악명높은 아우스비츄

죽이고 죽이다 지쳐 끝내는
스스로가 죽음을 택한
히틀러의 맹신자들의 최후는
자살이었다니

살아있는 후손들 있어
속죄를 청하며 세운
독일 브레스덴의
2711개의 사죄의 무명비 앞에 하고
잔혹한 역사의 페이지를 읽는다

△ 아우스비츄 수용소 정문(독일)

△ 유골(아우스비츄)

자유의 여신상

아메리칸 드림을 품고
미국에 첫발을 내딛는 이민자들을
반갑게 맞아주는
뉴욕항 리버티 섬에 우뚝 서 있는
체중 225톤, 신장 45미터의 글래머

오른 손에는 세계를 환하게 비추는
자유의 빛 횃불을
왼 손에는 1776년 7월 4일이라 새겨진
미국 독립선언서를 들고 서 있는
미국 독립 100주년을 기념하기 위해
프랑스에서 기증한 우호의 선물이었다는
자유의 여신상

턱에 차오르는 숨을 고르며 93.5미터 계단을 올라
여신상의 머리에 있는 전망대에서 바라보니
한 때 세계를 호령하던
무역센터 건물은 119 불자동차 칸보이 받으며
911 꽃상여 타고 날아가 보이지 않는다

△ 자유의 여신상(미국뉴욕)

△ 맨해턴(뉴욕)

히로시마

1945년 8월 6일 아침 8시 15분
600미터 상공에서 투하된 4톤의 원자폭탄
섭씨 5천도의 화염에 히로시마는 불바다가 되고

무너져 내린 건물의 뼈대만
앙상하게 남은 생지옥의
원폭돔이 말해주는 증언

멈춘곳에서 출발한 8·15 조선의 해방
빛으로 열리는 해방과
생지옥으로 열린 피폭

세워진 위령탑 앞에 놓인
국화꽃은 원통히 죽어간 조선인의
원혼같고
평화의 광장을 나는 비둘기는
조선인들의 자유의 넋으로
날고 있는것 같다

△ 원폭돔(일본 히로시마)

△ 한국인 희생자 위령탑(히로시마)

노을

산은
날카로운 덧니를 세워
낙조를 야금야금 갉아 먹고
바다는
왕성한 식성으로
꿀꺽 통째로 삼켜버린다

독이라도 묻어 있었던 것일까
산은 싸늘한 잿빛으로 굳어버리고
바다는 복통을 일으키며
뒤척이다 붉은 피를 토해낸다

길 잃은 새 한 마리가
불덩이를 입에 물고
어둠 속으로 날아간다

△ 초지진(경기강화)

△ 통일동산(경기파주)

•

장원의 시인은 전남의대와 고려대학교 대학원을 졸업했다. 고려대, 중앙대, 한림대 외래교수이며 대한미용외과 및 일본미용외과학회 회원이다. 에세이문학에 「연緣, 정情」으로 隨筆이, 조선문학에 「소낙비」 외 4편의 시가 당선되어 문단에 나왔다. 서대문문인협회 회장, 대한문학 편집위원, 한국수필문학진흥회 이사, 조선문학문인회 이사, 한국문인협회 회원이며, 현재 조선문학문인회 회장을 맡고 있다. 제4회 대한문학상 대상, 조선시문학상을 수상했다. 저서에 수필집『빈자리엔 정 뿐이랴』,『백년이 지난 후에』와 시집『이브가 눈을 뜰 때』,『하늘공원』이 있으며, 풍시조집에『풍시조로 세상 엿보기』『거울 속의 세상』등이 있다. 현재 장안과의원 원장.

•

조선문학시인선 312

길에서 길을 묻다

2012년 3월 10일 인쇄
2012년 3월 20일 발행

지은이 / 장원의
발행인 / 박진환
펴낸곳 / 조선문학사
등록번호 / 1-2733
주소 · 110-092 서울 서대문구 홍제2동 96-4
대표전화 / 730-2255
팩 스 / 723-9373

ISBN 978-89-93614-83-1
정가 15,000원
* 인지는 저자와 합의 하에 생략
* 잘못된 책은 서점에서 교환해 드립니다.